Christiane Sauer

Reden und präsentieren

– fit in 30 Minuten

W0084485

Kids auf der Überholspur

Die Deutsche Bibliothek – CIP-Einheitsaufnahme

Ein Titeldatensatz für diese Publikation ist bei
Der Deutschen Bibliothek erhältlich.

Herausgeber: Das LernTeam, Marburg
Lektorat: Hille & Schäfer, Freiburg
Layout, Illustrationen, Titel: Ulf Marckwort, Kassel
Illustration Rücktitel: Martina Foßhag, Kassel
Layout, Satz: Frank Werner, Kassel
Druck und Verarbeitung: Salzland Druck, Staßfurt

© 2001 : GABAL Verlag GmbH, Offenbach

3. Auflage 2006

Hinweis:
Dieses Buch ist sorgfältig erarbeitet worden. Dennoch erfolgen
alle Angaben ohne Gewähr. Weder Autoren noch Verlag können
für eventuelle Nachteile oder Schäden, die aus den im Buch
gemachten Hinweisen resultieren, eine Haftung übernehmen.

Printed in Germany

ISBN 3-89749-191-5
www.gabal-verlag.de
www.gabal-shop.de

Dieses Buch ist so konzipiert worden, dass du in kurzer Zeit erfährst, wie du einen perfekten Vortrag halten kannst.

● Jedes Kapitel beginnt mit drei zentralen Fragen, die im Verlauf des jeweiligen Kapitels beantwortet werden.

● Nach jedem Kapitel werden die wichtigsten Inhalte noch einmal zusammengefasst.

Da dieses Buch so klar und deutlich strukturiert ist, kannst du es immer wieder zur Hand nehmen, um schnell die für dich interessanten Teile zu wiederholen. Das Stichwortregister wird dir dabei eine zusätzliche Hilfe sein.

Inhalt

Hallo und

herzlich willkommen!

„Denn das hat der Zuhörer gern: dass er deine Rede wie ein schweres Schulpensum aufbekommt; dass du mit dem drohst, was du sagen wirst, sagst oder schon gesagt hast. Immer schön umständlich."

Dass Kurt Tucholsky diese Worte aus seiner Anleitung „Ratschläge für einen schlechten Redner" ironisch gemeint hat, ist offensichtlich. Doch so weit hergeholt ist seine Einschätzung über die Qualität von Vorträgen gar nicht.

Du selbst hast wahrscheinlich auch schon die Erfahrung gemacht, dass dir Referate deiner Klassenkameraden sprichwörtlich wie ein unverdaulich „schweres Schulpensum" vorgekommen sind. Vielleicht hast du Ähnliches aber auch schon bei der Vorbereitung und beim Vortragen von eigenen Referaten gedacht: *„Kein Wunder, dass alle einschließlich des Lehrers so einen teilnahmslosen Gesichtsausdruck haben – ich schlafe ja fast bei meinem eigenen Vortrag ein."*

Woran liegt es aber, dass viele Vorträge grausam langweilig oder sogar unverständlich sind, es aber – zum Glück! – offensichtlich doch auch Menschen gibt, die so mitreißend erzählen und vortragen können, dass du ihnen stundenlang zuhören kannst?

Ein guter Redner macht vor allem eines richtig: Er redet nicht für sich, sondern für sein Publikum!

Sein Ziel ist es, seinem Publikum Wissen zu vermitteln oder es von seiner Meinung zu überzeugen und das auf eine interessante, mitreißende oder sogar unterhaltsame Weise. Ein guter Redner hofft nicht auf Aufmerksamkeit, er erarbeitet sie sich – durch eine Vortragsweise, die direkt die Gefühle, Gedanken und Wahrnehmungen des Publikums anspricht.

Dazu muss er sich genau überlegen,

● welche Worte er verwendet, damit ihm seine Zuhörer inhaltlich folgen können und ihm zudem gerne zuhören (Kapitel 1),

● wie er seine Körpersprache einsetzt, damit er bei seinem Publikum einen sympathischen, überzeugenden und sicheren Eindruck macht (Kapitel 2),

● welche Präsentationsmedien er verwendet, um seine Redeinhalte sinnvoll zu veranschaulichen (Kapitel 3), und

● wie er seinen Vortrag inhaltlich strukturiert, damit sein Publikum gerne und aufmerksam zuhört und die erzählten Inhalte nicht vergisst (Kapitel 4).

Viel Spaß bei der Vorbereitung deiner Vorträge und großen Erfolg bei deinem Publikum wünscht dir

Christiane Sauer
(www.lernteam.de)

1. Für die Zuhörer sprechen

Weißt du, wie du einfach und präzise formulieren kannst?

...

Willst du erfahren, wie du auch schwierige Inhalte anschaulich erklären kannst?

...

Möchtest du interessant und mitreißend reden können?

...

Mal ehrlich: Oft gibt es wohl kaum etwas Langweiligeres als dem langen Monolog eines Mitschülers zuzuhören, z. B. dann, wenn er gerade ein Referat hält. Obwohl das Thema eigentlich ganz spannend ist, fällt es dir schwer, dich auf seine Worte zu konzentrieren. Und nachdem der Referent einen Sachverhalt so kompliziert erklärt hat, dass du nur noch Bahnhof verstehst, hast du nicht nur den roten Faden des Vortrags verloren, sondern auch deine Lust weiter zuzuhören. Also endet auch dieses Referat wie all die anderen zuvor: Du lehnst dich zurück und hängst deinen eigenen Gedanken nach oder du beteiligst dich an einer wilden Schlacht der letzten gegen die vorletzte Tischreihe im Schiffe versenken.

Aus der Sicht deines Mitschülers bzw. aus deiner Sicht, wenn du selbst ein Referat hältst, stellt sich die Situation häufig auch nicht viel spannender dar. Du bist gut vorbereitet, hast dir eine Menge interessanter Dinge zu deinem Thema notiert, doch als du vor der Klasse stehst, hast du das Gefühl, dass du dich völlig umsonst abrackerst. Ausdruckslose Gesichter starren dir entgegen, ab und zu ein verhaltenes Gähnen, vielleicht noch der aufmunternde Blick eines Freundes.

Schade, denn Referate können so interessant und spannend vorgetragen werden, dass dir deine Zuhörer förmlich an den Lippen hängen. Wie das geht, erfährst du auf den folgenden Seiten.

Was dein Publikum
behalten kann

10%
von dem, was wir lesen

20%
von dem, was wir hören

30%
von dem, was wir sehen

50%
von dem, was wir hören und sehen

70%
von dem, was wir mit eigenen Worten wiedergeben

90%
von dem, was wir selber tun

Manche Redner gehen davon aus, dass sich ihre Zuhörer nach ihnen zu richten haben. Dass diese Annahme falsch ist, belegen viele Beispiele und Untersuchungen. Ein Radiobeitrag z. B. dauert selten länger als fünf Minuten. Auch Redebeiträgen, z. B. bei Diskussionen, hört man ungerne länger als ein bis zwei Minuten zu. Und selbst einem außergewöhnlich guten Vortrag kann kaum ein Mensch ohne Informationslücken länger als 40 Minuten folgen.

Die Abbildung auf Seite 10 erklärt, woran es wohl liegt, dass Menschen beim Zuhören kein so großes Durchhaltevermögen beweisen. Diese Statistik zeigt nämlich, mit welchen Lernkanälen Menschen im Durchschnitt welche Menge an Informationen behalten können – beim Hören sind es nur 20 Prozent, also recht wenig.

Hier wird schon deutlich, dass es sicher am sinnvollsten ist, Informationen immer über verschiedene Wahrnehmungskanäle gleichzeitig aufzunehmen. Wie du diese Erkenntnis für die Gestaltung und den Aufbau deines Vortrags nutzen kannst, wirst du im Laufe dieses Buchs erfahren.

In diesem Kapitel soll es jedoch zunächst darum gehen, wie du deinen Vortrag sprachlich so einfach, präzise und gleichzeitig mitreißend gestalten kannst, dass dein Publikum in Zukunft wesentlich mehr als nur magere 20 Prozent behalten wird.

Einfach und verständlich
reden

Lies dir einmal die folgenden drei Redebeispiele durch (oder besser: lass sie dir vorlesen) und überlege, warum diese Redner für ihre Zuhörer so schwer verständlich sind.

Aus einem Schülerreferat über das Grundgesetz
Der soziale Rechtsstaat hat also den verfassungsrechtlichen Auftrag, die Verwirklichung des Prinzips des Personalen auf Kosten des Sozialen und des Prinzips der Freiheit auf Kosten der Gleichheit zu verhindern, und das gilt natürlich auch umgekehrt.

Aus einem Lehrervortrag über die Französische Revolution
Über die Auswirkungen des „Terrors" finden sich im Geschichtsbuch genauere Zahlen; diese verdeutlichen das ganze Ausmaß des Schreckens. So wird die Zahl der Todesurteile zwischen März 1793 und Juli 1794 in ganz Frankreich auf ungefähr 17.000 geschätzt. Das sind also, wenn Sie nachrechnen, im Monat 1.000 Hinrichtungen, auch Kinder und Greise waren darunter. Auch für die Hauptstadt haben wir genaue Zahlen. In Paris wurden vom März 1793 bis zum 10. Juni 1794 1.521 Urteile vollzogen, und vom 11. Juni 1794 bis zum 27. Juli, in knapp sieben Wochen also, kam es nochmals zu 1.376 Todesurteilen. Das müssen Sie sich einmal vor Augen führen!

**Aus der Rede eines Kommunalpolitikers
in der Haushaltsdebatte**

Bei dieser Gelegenheit scheint es mir doch wichtig, einmal deutlich darauf hinzuweisen, dass bei der Inanspruchnahme mittelfristiger Kredite, und dies sollte angesichts sinkender Zinsen und steigender Einnahmen doch wohl vertretbar sein, auch wenn das, wie ich zugeben muss, der Steuerzahler nicht so gerne sieht, der Ausbau des Schulzentrums die Priorität haben muss vor kleineren Projekten, zumal sich die finanziellen Risiken in Anbetracht des Nutzens, immerhin stellt dies ja eine Investition in die Zukunft dar, in Grenzen halten.

(Beispiele aus: Gora, Stephan: Grundkurs Rhetorik, S. 15)

Sicher sind dir beim Lesen oder Hören der drei Beispiele gleich eine Menge Fehler der Redner aufgefallen:

Der Schüler hat einen viel zu langen und komplizierten Satzbau gewählt, er benutzt zu viele Fremdwörter und substantiviert unnötig.

Der Lehrer überschüttet seine Zuhörer in wenigen Sätzen mit zu vielen Zahlen und Daten.

Der Politiker formuliert ähnlich wie der Schüler einen viel zu langen Satz. Allerdings verkompliziert er ihn zusätzlich, indem er inhaltlich überflüssige Nebensätze einbaut.

Damit dir dein Publikum gerne zuhört und dich richtig versteht, solltest du deshalb folgende Regeln beachten:

Formuliere kurze Sätze!
- Zehn bis fünfzehn Wörter pro Satz reichen aus.

Formuliere einfache Sätze!
- Vermeide unnötige Nebensätze.
- Verzichte auf überflüssige Einschübe (vgl. Beispiel auf Seite 13: „Bei dieser Gelegenheit…, einmal deutlich darauf hinweisen…, wie ich zugeben muss…").
- Vermeide Füllwörter (z.B. ähm, und, ja, also etc.).
- Verwende Indikativ statt Konjunktiv (z.B.: „Ich schlage vor", statt „Ich würde vorschlagen").
- Häufiger Aktiv als Passiv verwenden (z.B.: „Zwei Räuber überfielen eine Bank", statt „Eine Bank wurde von zwei Räubern überfallen").

Formuliere verständliche Sätze!
- Fünf bis sechs Daten oder Zahlen pro Vortrag (am besten gerundet) reichen aus. Zusätzliche Zahlen solltest du an der Tafel oder auf einem Thesenpapier notieren.
- Vermeide unnötige Fremdwörter oder Fachbegriffe oder erkläre sie und schreibe sie an die Tafel.
- Verwende anschauliche Beispiele und Vergleiche.

Übung

Versuche folgende Wörter verständlich zu erklären:
Metapher, Reflexion, Naturpark, Artenschutz, effektiv, präzise, Motivation, Echo, ergebnisorientiert, stetig, potentiell

Wenn es
kompliziert wird

Komplizierte Inhalte so zu erklären, dass deine Zuhörer alles verstehen, ist manchmal ganz schön schwer. Damit dein Publikum dennoch dem „roten Faden" deiner Erläuterungen folgen kann, solltest du zumindest bei kniffeligen Inhalten den Satzplan einhalten. Was ein Satzplan ist, zeigt dir das folgende einfache Beispiel:

Tom überlegt, ob er im nächsten Schuljahr besser *Fußball* oder *Volleyball* wählen solle. *Fußball* spielt er schon sehr gut, aber beim *Volleyball* könnte er noch etwas *hinzulernen*. Das Argument, *etwas Neues zu lernen*, überzeugt ihn schließlich mehr als die sichere *gute Note*. Am Ende des Schuljahres honoriert der Sportlehrer durch eine *gute 2* Toms *Entscheidung* und sagt: „Wie du siehst, war dein *Entschluss* richtig!"

Reden nach dem Satzplan bedeutet also, dass du im folgenden Satz ein oder zwei wichtige Wörter des vorherigen Satzes wieder aufgreifst und inhaltlich fortführst. Natürlich solltest du nicht ständig nach diesem Satzplan reden. Das wäre für deine Zuhörer auf Dauer ermüdend. Bei schwierigen Inhalten hingegen ist der Satzplan eine gute Orientierungshilfe, z.B.:

▶

- bei der Beschreibung von Vorgängen und Abläufen,
- bei der Erläuterung von Versuchsaufbauten,
- bei der Wiedergabe von fremden Gedankengängen etc.

Übung

Versuche, die folgenden geometrischen Figuren z.B. deinen Freunden so genau zu beschreiben, dass sie die Figuren möglichst richtig mitzeichnen. Natürlich dürfen deine Freunde die Figuren vorher nicht sehen und Rückfragen sind auch nicht erlaubt!

1

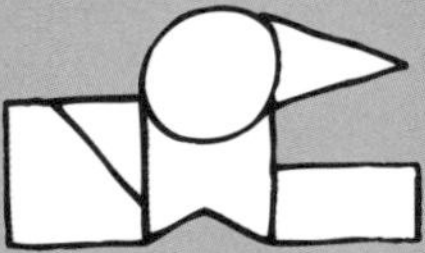

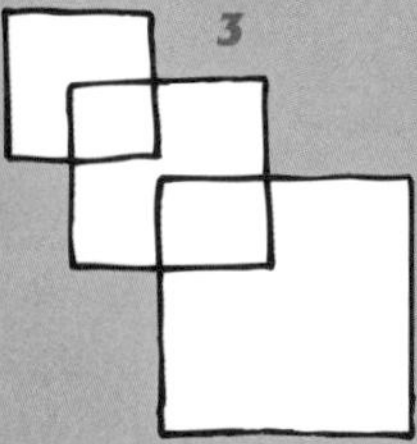

4

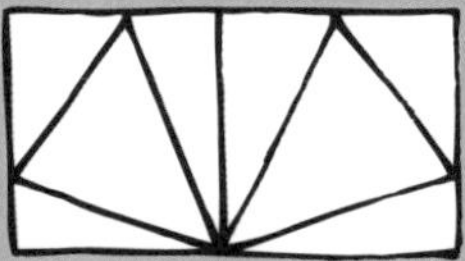

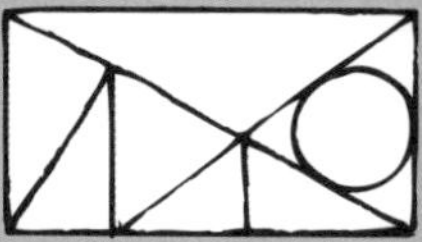

2

5

3

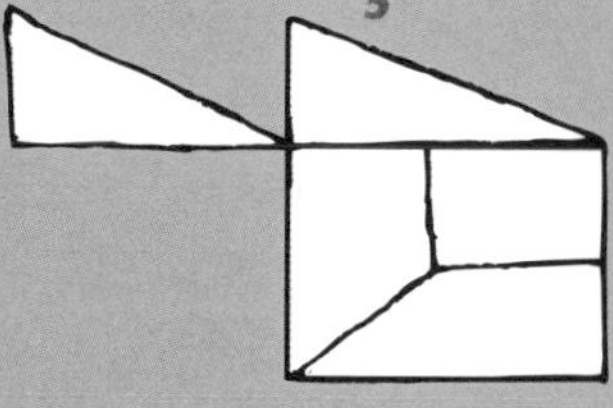

6

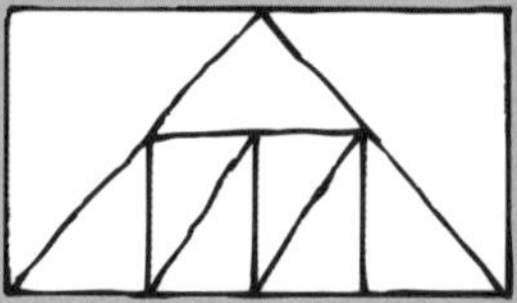

Alle Sinne ansprechen

Sicher hast du auch schon einmal einem Geschichtenerzähler stundenlang zugehört. Vielleicht erinnerst du dich auch an ein Buch, in das du beim Lesen mit deiner ganzen Fantasie eingetaucht bist?

Woran liegt es, dass uns manche Erzähler oder Erzählungen derart begeistern und mit Haut und Haaren an sich fesseln? Das „Geheimnis" liegt wohl in der richtigen Wahl der Worte! Je mehr Sinne deiner Zuhörer oder Leser du ansprichst, umso mehr beteiligst du sie an dem Erzählten. Natürlich spielt dabei auch der richtige Einsatz der Stimme und die übrige Körpersprache eine wichtige Rolle, doch dazu mehr im nächsten Kapitel.

Richtige Sprachkünstler sind manche Musiker. Überlege einmal, welche Sinne die *Fantastischen Vier* und *Herbert Grönemeyer* in diesen Liedtext-Ausschnitten ansprechen:

…der Moment ist die Tat, die du tust, Augenblick, denn dein Auge erblickt, was du tust, und erschrickt vor dem Ding, das du kennst, weil es immer da war, die Musik ist aus und ist immer noch da …

…dein Lachen ist gemalt, deine Gedanken sind nicht mehr bei mir, streichelst mich mechanisch, völlig steril, eiskalte Hand, mir graut vor dir, fühl mich leer und verbraucht, alles tut weh, hab Flugzeuge in meinem Bauch …

Hier findest du eine Auswahl an Wörtern, die du bei Vorträgen oder einfach beim alltäglichen Erzählen einbauen kannst. Vielleicht fallen dir ja noch weitere Beispiele ein. Übrigens: Je mehr Sinne ein Wort gleichzeitig anspricht, umso besser!

Für den visuellen Sinn (die Augen)
einleuchtend, offensichtlich, klar, Überblick, Perspektive, in einem anderen Licht sehen, Aspekt, Durchblick, Ansicht, Einsicht, schleierhaft, trüb, düster, strahlend, glänzend, aufblitzen, Fokus, unscharf, grau in grau, rosa Brille, schwarz sehen, ein heller Kopf, unter die Lupe nehmen, ins Auge fallen, verschwommen, Erleuchtung, Horizont etc.

Für den auditiven Sinn (die Ohren)
Zustimmung, sich einstimmen, klingen, Harmonie, unerhört, Einklang, Anklang, das hört sich gut an, ich sag mir, das schreit zum Himmel, Echo, Widerhall, es macht klick, eine leise Ahnung, knistern, in den höchsten Tönen, sang- und klanglos, die erste Geige spielen, den Marsch blasen, die Stimme der Vernunft etc.

Für den kinästhetischen Sinn (das Gefühl)
Begriff, das liegt auf der Hand, schwerfällig, leichtsinnig, hart, anpacken, zugreifen, niederschlagen, prickelnd, das lässt mich kalt, in der Hitze des Gefechts, schweißtreibend, auf etwas stoßen, heiß und kalt, kühl, das kratzt mich nicht, es juckt mich in den Fingern, handhaben, Belastung,

Erleichterung, umfassend, aufbauen, raue Sitten, beißend, aufstacheln, überstürzt, im Handumdrehen, eintreten etc.

Für den olfaktorischen Sinn (die Nase)
dufte, mir stinkt's, das riecht nach Ärger, anrüchig, faul, etwas wittern, Schnüffler, Spürnase, die Nase rümpfen etc.

Für den gustatorischen Sinn (den Geschmack)
das schmeckt mir nicht, ich habe die Schnauze voll, das ist nach meinem Geschmack, durchkauen, fad, sauer, bitter, süß, ein gefundenes Fressen, ein Leckerbissen etc.

Zusammenfassung

- **Der Mensch kann im Durchschnitt nur ca. 20 Prozent der gehörten Informationen behalten. Sprich deshalb so einfach und verständlich wie möglich.**
- **Kurze Sätze, der Verzicht auf unnötige Einschübe, Füllwörter, wenige Daten oder Zahlen und Fremdwörter etc. sind in diesem Zusammenhang wichtige Sprachregeln.**
- **Damit dir deine Zuhörer auch bei komplizierten Sachverhalten gut und gerne folgen können, solltest du den Satzplan einhalten.**
- **Mit einer Sprache, die alle Sinne deiner Zuhörer anspricht, kannst du dein Publikum begeistern und mitreißen.**

Willst du wissen, wie du durch die richtige
Körpersprache Sicherheit gewinnen kannst?

Möchtest du bei deinem Publikum
einen sympathischen Eindruck hinterlassen?

Weiß du, wie du dein Publikum durch
deine Körpersprache überzeugen kannst?

Jede zwischenmenschliche Kommunikation findet auf zwei Ebenen statt. Die erste Ebene ist die verbale Sprache, also die der gesprochenen Inhalte. Die zweite Ebene ist die nonverbale Sprache. Damit ist die Körpersprache, also deine Haltung, Gestik, Mimik und Stimme gemeint.

Der Psychologe Albert Mehrabian hat durch wissenschaftliche Versuche herausgefunden, welche Anteile die verbale und nonverbale Sprache beim Kommunizieren haben. Das Ergebnis ist wirklich erstaunlich!
Ob du auf andere Menschen sympathisch wirkst oder nicht, hängt zu 55 Prozent von deiner Haltung, Gestik und Mimik ab. Entscheidend ist dabei vor allem dein Gesichtsausdruck. Weitere 38 Prozent Sympathie oder Antipathie vermittelst du über deine Stimme. Was du dagegen inhaltlich sagst, hat zunächst eine geringe Bedeutung von nur 7 Prozent. Interessant, oder? Vielleicht auch ein wenig erschreckend, dass es gerade die meist völlig unbewusste Körpersprache ist, die darüber entscheidet, wie du z. B. bei einem Vortrag aber auch beim Kennenlernen neuer Leute „ankommst".

Bleib du selbst!

Was du nicht versuchen solltest, ist die Körpersprache anderer Menschen nachzuahmen. Das wirkt immer unnatürlich und wird schnell als Kopie erkannt. Deshalb: Bleib du selbst und beachte einfach die folgenden Tipps:

Sicher und selbstbewusst:
die Haltung

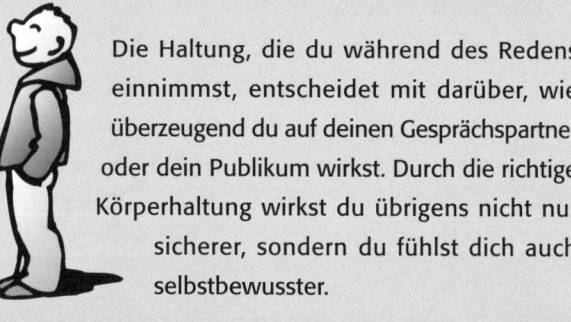

Die Haltung, die du während des Redens einnimmst, entscheidet mit darüber, wie überzeugend du auf deinen Gesprächspartner oder dein Publikum wirkst. Durch die richtige Körperhaltung wirkst du übrigens nicht nur sicherer, sondern du fühlst dich auch selbstbewusster.

Stehe gerade!

Wichtig ist, dass du gerade und aufrecht vor deinem Publikum stehst. Also: Brust raus, Bauch rein und Kopf hoch! Außerdem solltest du leicht gegrätscht mit paralleler oder leicht nach außen gedrehter Fußstellung stehen, so dass deine Füße gleichmäßig belastet sind.

Stehe sicher und locker zugleich!

Erst, wenn du mit der ganzen Fläche deiner Fußsohlen den Boden berührst, hast du einen sicheren Stand gefunden. Gleichzeitig sollten deine Knie aber ganz leicht gebeugt sein. So stehst du locker und stabil zugleich. Diese körperliche Sicherheit überträgt sich auch auf deine geistige Haltung, denn Körper und Geist bilden eine feste Einheit.

Stehe frei!

Gerade in der Schule werden viele Referate im Sitzen gehalten. Besonders günstig ist das nicht, denn „versteckt" hinter einem Tisch oder „eingeklemmt" zwischen Wand und Tisch wird es dir schwer fallen, eine sichere Körperhaltung aufzubauen. Deshalb halte deine Referate in Zukunft frei stehend, dann wirkst du auch auf dein Publikum selbstbewusst und überzeugend. Außerdem hast du auf diese Weise mehr Spielraum für deine Gestik.

Stehe ruhig!

Oft kannst du Redner beobachten, die während ihres Vortrags hin und her „tigern" oder auf der Stelle von einem Bein auf das andere wippen. Manche Redner streichen sich auch ständig durchs Haar oder hantieren an ihrer Kleidung herum. Dadurch verbreiten sie Unruhe, die sich schnell auf das Publikum übertragen kann. Natürlich brauchst du nicht wie angewurzelt auf der Stelle zu stehen, aber du solltest doch immer wieder zu einem festen Standort zurückkehren, von dem aus du für eine Weile möglichst ruhig redest.

Wende dich deinem Publikum zu!

Achte darauf, dass du deinem Publikum beim Reden nicht die „kalte Schulter" zeigst, oder dich hinter der Tafel, einer Karte etc. versteckst. Wende dich beim Reden immer ganz deinen Zuhörern zu. Während du etwas an die Tafel schreibst, mach besser eine kurze Redepause.

Lebendig und offen:

die Gestik

Fast alle Menschen unterstreichen das, was sie sagen, durch ihre Gestik, also durch die Bewegung ihrer Hände und Arme. Gestik geschieht meistens unbewusst, denn sie ergibt sich aus dem Zusammenspiel der erzählten Inhalte, den damit verbundenen Gefühlen und dem natürlichen Temperament des Redners. Antrainierte Gestik wirkt deswegen auch meist affektiert und unnatürlich. Deshalb: Bleib so, wie du bist – beachte aber folgende Tipps:

Zeige eine offene Gestik!

Sicher hast du auch schon, z. B. bei Diskussionen, beobachtet, dass Redner, wenn ihnen eine Antwort fehlt oder sie sich in die Enge getrieben fühlen, die Arme vor der Brust verschränken. Eine solche Gestik kann Verschlossenheit signalisieren und eine Barriere zwischen den Gesprächspartnern aufbauen. Offenheit zeigst du hingegen, wenn du mit deinen Armen und Händen das Gesagte unterstreichst. Am professionellsten gelingt dir dies, wenn du in der einen Hand deine Karteikarten mit den Redenotizen hältst und die andere Hand ganz natürlich „mitsprechen" lässt.

Hände in den Taschen?

Eigentlich nein, denn dadurch raubst du dir selbst die Freiheit zum Gestikulieren. Wenn beide Hände tief in den Taschen vergraben sind, wirkt dies außerdem oft unsicher oder überzogen cool. Unter Freunden ist dagegen eine Hand in der Tasche schon mal ok.

Vermeide Übersprungshandlungen!

Führt ihr in der Schule auch manchmal Strichlisten, wie oft ein Lehrer seinen Gürtel zurechtrückt, sich in die Nase kneift, mit dem Kuli knipst oder die Haare hinter die Ohren streicht? Das sind alles so genannte Übersprungshandlungen, die auf Nervosität oder Unsicherheit hindeuten, oder es sind einfach nur dumme Angewohnheiten. Eines haben all diese „Macken" aber gemeinsam: Dem Redner sind sie meist nicht bewusst und sie stören die Aufmerksamkeit des Publikums. Also, achte darauf, welche „Macken" du hast, und dann: Haare zusammenbinden, Stift aus der Hand etc.

Tipp für Wenig-Gestikulierer

Ganz ohne Gestik kann ein Vortrag oder ein Gespräch schnell langweilig oder verkrampft wirken. Gründe für fehlende Gestik können Unsicherheit oder Redeängste sein. Um deiner natürlichen Gestik freien Lauf zu lassen, solltest du eine Hand einfach locker neben dem Körper hängen lassen. Je sicherer du dich fühlst, umso eher wird die freie Hand von selbst zu gestikulieren beginnen.

Freundlich und sympathisch:
die Mimik

Erinnerst du dich noch an die Statistik zu Beginn dieses Kapitels? Genau, sie besagte nämlich, dass neben deiner Stimme vor allem die Mimik, also dein Gesichtsausdruck dafür verantwortlich ist, wie du auf deine Zuhörer wirkst.

Blicke freundlich!

Ein freundlicher Gesichtsausdruck hebt nicht nur deine eigene Stimmung, sondern auch die deines Publikums. Ein insgesamt positiver Gesichtsausdruck, hin und wieder ein nettes Lächeln und dein Publikum hört dir gerne und aufmerksam zu.

Übung Die Lächel-Übung

Wenn du freundlich schaust und lächelst, dann überträgt sich dein Gesichtsausdruck auch auf deine persönliche Stimmung. Wenn du hingegen griesgrämig guckst, dann fühlst du dich auch so.

Das Lächeln kannst du trainieren, indem du dich vor einen Spiegel stellst und ganz bewusst deine Mundwinkel zu einem Lächeln nach oben ziehst. Je extremer du lächelst,

umso besser ist der Trainingseffekt. Im Übrigen kommst du
dir dabei so komisch vor, dass du schon von selbst über
dich zu lachen beginnst!

Zeig Gefühle!

Deine Mimik kannst du auch gezielt einsetzen, um das
Gesagte mit Gefühlen zu unterstreichen. Dein Vortrag wird
dadurch wesentlich lebendiger. Dem Anlass angemessen
kannst du so also auch Wut, Trauer, Begeisterung etc. zeigen.
Aber Vorsicht: Nicht übertreiben!

Den Blickkontakt halten!

Der Blickkontakt ist die Brücke zu deinem Publikum. Erst
durch deine Blicke fühlen sich die Zuhörer wirklich angesprochen und ihre Aufmerksamkeit steigt. Du als Redner
hingegen kannst über den Augenkontakt zu deinem Publikum feststellen, ob deine Zuhörer dich inhaltlich verstehen
und ob du langsamer, lauter etc. sprechen solltest.

Lass dich coachen!

Beim Reden den Blickkontakt zu halten, ist nicht leicht. Nur
wer wirklich angstfrei vor einer Gruppe steht, schafft das.
Sicherheit während eines Referates kann dir ein Coach
geben. Das ist z. B. ein Freund, der im Publikum sitzt, und
dir immer wieder aufmunternd zulächelt oder dir signalisiert,
ob du lauter, schneller oder deutlicher reden sollst.

Klangvoll und deutlich:

die Stimme

Laut der Statistik auf Seite 21 hat die Stimme mit 38 Prozent den größten Einfluss darauf, ob du bei deinem Publikum einen sympathischen und sicheren Eindruck hinterlässt. Oft ist die Stimme aber leider auch der Teil der Körpersprache, der am schnellsten und deutlichsten auf Angst oder Nervosität reagiert, z.B. mit Zittern, zu schnellem oder stockendem Reden, zu lautem oder leisem, zu hohem oder tiefem Sprechen. Die folgenden Tipps und Übungen sollen dir helfen, deine Stimme geschickt und wirkungsvoll einzusetzen und sie auch bei Lampenfieber im Griff zu behalten.

Der Stimmklang

Die meisten Menschen denken, dass sie eine unangenehme Stimme haben, wenn sie sich das erste Mal auf Band hören. Das liegt daran, dass wir unsere Stimme selbst tiefer hören als sie tatsächlich ist. Unangenehm ist deine Stimme deswegen zunächst nur für dich selbst, nicht aber für deine Zuhörer, denn die kennen deine Stimme bereits.

Übung **Summen**

Damit deine Stimme trotz Lampenfieber angenehm bleibt, solltest du gerade in Stress-Situationen die Tonhöhe deiner Stimme bewusst kontrollieren. Eine für dich und deine Zuhörer angenehme Tonlage findest du heraus, indem du dir etwas Schönes vorstellst, z. B. dein Lieblingsgericht.

Nun kommentierst du deine Vorstellung, indem du auf „mmmmmmm" mitsummst. Variiere dabei so lange die Tonhöhe, bist du deine optimale Stimmlage gefunden hast.

Die Lautstärke

Wenn du zu laut sprichst, ist das nicht nur unangenehm für deine Zuhörer, sondern belastet auch deine Stimmbänder unnötig. Sprichst du dagegen zu leise, wird das Zuhören bald so anstrengend, dass niemand mehr aufpasst. Wenn du dir nicht sicher bist, ob die gewählte Lautstärke richtig ist, solltest du nach den ersten Worten dein Publikum fragen, ob du gut und angenehm zu verstehen bist.

Die Deutlichkeit

Große Bedeutung für das Gelingen deines Vortrages hat die Deutlichkeit deiner Aussprache. Übertriebene Deutlichkeit wirkt oft aufgesetzt und affektiert. Häufiger kommt es jedoch vor, dass Redner nuscheln oder die Zähne beim Sprechen nicht auseinander bekommen. Deutliches Sprechen kannst du allerdings sehr gut mit der folgenden Übung trainieren:

Übung Korkenübung

Für diese Übung brauchst du einen Text zum Lesen und einen Wein- oder Sektkorken. Klemm dir den Korken nun zwischen die Zähne und versuche, den Text so klar und deutlich wie möglich zu lesen.

Das Sprechtempo

Viele Redner machen den Fehler, dass sie viel zu schnell sprechen, weil sie ihren Vortrag so schnell wie möglich hinter sich bringen wollen. Dabei kommen sie nicht nur selber aus der Puste, sondern auch ihr Publikum. Deswegen: Sprich nur so schnell, dass dich jeder gut verstehen kann und gönne dir und deinem Publikum ausreichend Atem- und Denkpausen.

Die Betonung

Die richtige Betonung bringt Leben in deine Rede. Hilfreich ist es, wenn du dir in deinem Redemanuskript den jeweiligen Sinnkern eines Satzes oder Redeabschnitts markierst, so dass du ihn später durch veränderte Lautstärke oder verändertes Sprechtempo hervorheben kannst. Sprech- bzw. Spannungspausen eignen sich übrigens auch sehr gut, um nachfolgende Inhalte zu betonen.

Je mehr du übst, desto vielfältiger und ausdrucksstärker wirst du in Zukunft deine Körpersprache beim Reden einsetzen können. Mit der folgenden Übung kannst du deine Ausdrucksmöglichkeiten erweitern:

Übung Zeitungstheater

Suche dir einen kurzen Text (ca. 70 Wörter) aus einer Zeitung oder Zeitschrift. Experimentiere nun mit deiner Haltung, Gestik, Mimik und Stimme und versuche, den Text auf unterschiedliche Weise zu lesen, z. B. wie

- eine Trauerrede
- ein juristisches Plädoyer
- eine Kriminalgeschichte
- einen Sportkommentar
- einen Sensationsbericht

- eine politische Rede
- ein Gebet
- einen Rap
- einen Mönchsgesang
- eine Horrorgeschichte

In der Gruppe macht diese Übung besonders viel Spaß. Jeder liest den Text auf eine andere Weise vor. Die anderen müssen erraten, um welche Variante es sich handelt.

Zusammenfassung

- Ob dir dein Publikum gerne zuhört, hängt zunächst nicht von den erzählten Inhalten ab, sondern von deiner Körpersprache – der Haltung, Gestik, Mimik und Stimme.
- Vor allem die Mimik und Stimme haben entscheidenden Einfluss auf dein Publikum.
- Über eine aufrechte Körperhaltung, Blickkontakt zum Publikum und eine feste Stimme demonstrierst du Sicherheit.
- Eine offene, deinem Publikum zugewandte, freundliche Mimik und Gestik machen dich sympathisch.

3. Professionell präsentieren

Kennst du unterschiedliche Präsentationsmedien?

Weißt du, wie du eine gute Präsentationshilfe gestalten solltest?

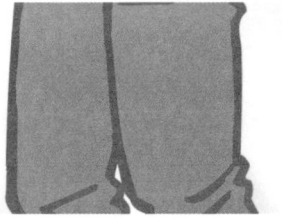

Möchtest du erfahren, wie du unterschiedliche Präsentationsmedien während des Vortrags einsetzen kannst?

Schau dir noch einmal die Statistik auf der Seite 10 an. Hier wird deutlich, dass Menschen durch das Sehen von Bildern oder Gegenständen mehr Informationen behalten als durch Lesen oder Hören. Noch besser behalten wir Informationen allerdings dann, wenn wir beim Lernen mehrere Sinne gleichzeitig einsetzen. Probiere es doch selbst einmal aus:

Ein kleiner Test

Lass dir von einem Freund oder einer Freundin zunächst nacheinander 10 Gegenstände zeigen. Nach einer kurzen Ablenkungsphase, z. B. 30 Sekunden Rechenaufgaben, schreibst du alle Gegenstände auf, an die du dich erinnerst. Anschließend wiederholst du diesen Gedächtnistest mit 10 Wörtern, die du der Reihe nach ablesen musst, und danach mit 10 Wörtern, die du vorgelesen bekommst. Zum Schluss zeigt dir dein Freund bzw. deine Freundin 10 Dinge nacheinander als Gegenstände, als geschriebene Wörter und schließlich werden sie dir auch noch vorgelesen.

Und – welche 10 Gegenstände hast du am besten behalten? Mit großer Wahrscheinlichkeit die beim ersten Test *gesehenen* und die *mit verschiedenen Sinnen gleichzeitig* gelernten Gegenstände beim vierten Test, oder?

Diese, für das Gedächtnis typische Verabeitungsweise von Informationen solltest du bei der Vorbereitung von Vorträgen berücksichtigen. Wie? Das erfährst du im Folgenden!

Ganzheitlich

präsentieren

Nicht nur bei deiner Sprache (vgl. Seite 17 bis 19), sondern also auch bei der Wahl deiner Präsentationsmedien solltest du darauf achten, dass du möglichst viele Wahrnehmungskanäle deines Publikums aktivierst. Bei einem Vortrag z. B. ist zunächst nur der auditive Kanal angesprochen. Das ist aber zu einseitig. Dein Publikum versteht und behält die Inhalte deines Vortrags besser, wenn du durch deine Vortragsweise auch ihren kinästhetischen und vor allem ihren visuellen Sinn ansprichst. Bei manchen Referaten, z. B. in Chemie, Biologie, Hauswirtschaft etc. kannst du sogar den olfaktorischen und gustatorischen Wahrnehmungskanal deines Publikums aktivieren.

Im Folgenden findest du einige Anregungen, mit welchen Medien du welche Wahrnehmungskanäle deiner Zuhörer ansprechen kannst:

Für den kinästhetischen Sinn

Passend zu deinem Referatsthema kannst du in der Klasse verschiedene Gegenstände herumreichen, die alle anfassen können, z. B.:

- Pflanzen, wenn du in Biologie über die Photosynthese referierst;
- einen alten Bauarbeiterhelm, wenn du in Erdkunde über den Braunkohleabbau berichtest;

● Inflationsgeld, wenn du in Geschichte über die Zeit der Inflation erzählst.

Für den auditiven Sinn

Neben dem Sprechen kannst du die auditive Wahrnehmung deines Publikums zusätzlich anregen, z.B. durch

● Musikbeispiele, wenn du über einen Musiker referierst;
● Tonbandaufzeichnungen einer Rede, wenn du über einen Politiker redest;
● Vogelstimmen, wenn du über eine bestimmte Vogelart berichtest.

Für den gustatorischen und den olfaktorischen Sinn

Bei manchen Referaten kannst du auch diese Wahrnehmungskanäle aktivieren, z.B. mit

● Nahrungsproben, wenn du in Biologie oder Sport über Ernährung referierst;
● geruchsintensiven Chemikalien, wenn du ein Referat über chemische Verbindungen hältst;
● Geschmacks- und Geruchsproben, wenn du in Hauswirtschaftslehre verschiedene Gewürze vorstellst.

Für den visuellen Sinn

Der visuelle Sinn ist wohl der wichtigste Wahrnehmungskanal für das Verständnis der Inhalte deines Vortrags. Deshalb solltest du bei jedem Referat die visuelle Wahrnehmung deines Publikums aktivieren, z.B. mit folgenden Medien:

- Plakat
- Bilder, Dias
- Stellwand
- Karten
- Modelle
- Beamer
- Filme
- Tafel, Flipchart
- Thesenpapier

Übrigens: An den Augenbewegungen deines Kommunikationspartners kannst du erkennen, welcher Wahrnehmungskanal im Moment aktiviert ist. Allerdings musst du genau aufpassen, denn der Blick geht dabei meist nur ganz kurz in die jeweilige Richtung.

❶ … erinnert sich an bekannte Bilder
❷ … konstruiert neue Bilder
❸ … erinnert sich an bekannte Geräusche, Stimmen, Melodien etc.
❹ … konstruiert neue Melodien, Klänge etc.
❺ … denkt an Gefühle, Empfindungen etc.

Wir Menschen leben heute in einer Gesellschaft, in der Informationsvermittlung vorwiegend über das Fernsehen oder den Computer geschieht – also im Wesentlichen über Bilder. Dadurch werden Gewohnheiten geprägt.

So ist es wahrscheinlich auch zu erklären, dass dir dein Publikum viel lieber und aufmerksamer folgt, wenn du während deines Vortrags immer wieder visuelle Reize setzt.

Redeinhalte visualisieren kannst und solltest du bei jedem Vortragsthema. Ob die gewählten Visualisierungshilfen deinem Publikum tatsächlich helfen, die Inhalte deines Referats besser zu verstehen, hängt allerdings von folgenden Punkten ab:

- von der Wahl des geeigneten Mediums,
- von der ansprechenden Gestaltung der Visualisierungshilfe sowie
- vom richtigen Einsatz der Medien während des Vortrags.

Plakate, Folien, Tafel, Beamer, Thesenpapier …

Prinzipiell bist du bei der Wahl deiner Visualisierungsmedien frei. Dennoch solltest du Folgendes berücksichtigen:

- Wähle ein Medium, das dir vertraut ist und bei dessen Verwendung du dich sicher fühlst.
- Am besten ist es, wenn du deine Visualisierungshilfe bereits zu Hause fertig vorbereiten kannst. Bei Plakaten,

Folien, Beamerseiten etc. geht das gut. Tafelanschriften solltest du auch vorbereiten, anschreiben kannst du sie aber erst während des Vortrags – bedenke das!

● Wenn es sinnvoll ist, kannst du auch mehrere Medien bei einem Vortrag verwenden. Achte aber darauf, dass du kein Medienspektakel inszenierst!

Gestaltung von Visualisierungshilfen

Wie ansprechend und informativ ein Plakat, eine Folie, ein Tafelanschrieb etc. ist, hängt maßgeblich von dessen Gestaltung ab. Folgendes ist wichtig:

● Visualisiere nur wenige wichtige Informationen und ordne sie übersichtlich und gut lesbar an.

● Schreibe keine zusätzlichen Informationen auf, die über deine Redeinhalte hinausgehen. Das verwirrt dein Publikum und lenkt von dem ab, was du gerade erzählst. Eine Ausnahme sind Thesenpapiere. Auf ihnen kannst du zusätzliche oder genauere Informationen vermerken. Allerdings solltest du das Papier in diesem Fall erst am Ende deines Vortrags austeilen.

● Verwende beim Beschriften nur Stichwörter oder kurze Formulierungen, die dein Publikum schnell erfassen kann.

● Besonders wichtige Inhalte solltest du durch Farben und Symbole hervorheben.

Übung **Gestalte ein Vortragsplakat**

Bei dieser Übung kannst du einmal selber ausprobieren, ein gutes Vortragsplakat zu gestalten. Ordne dazu die folgenden Textausschnitte und versuche bei der Planung des Plakats, die erläuterten Regeln zu berücksichtigen.

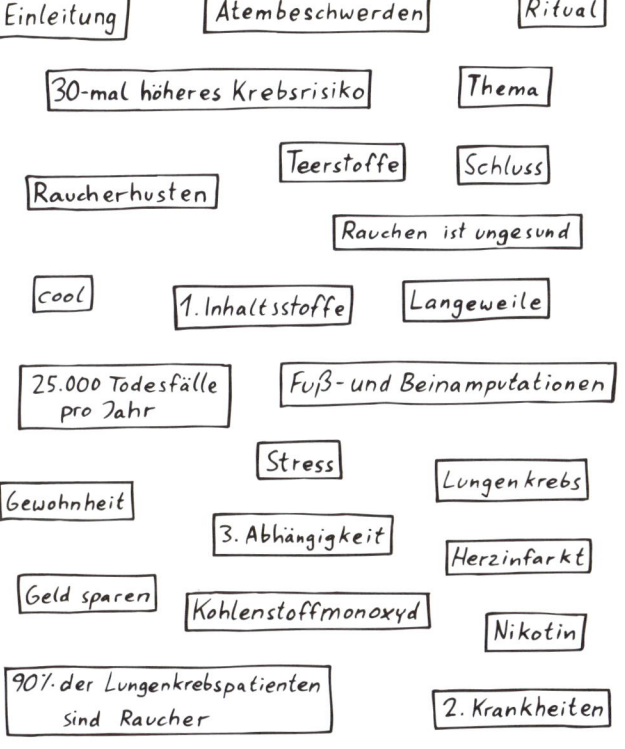

Einleitung

Atembeschwerden

Ritual

30-mal höheres Krebsrisiko

Thema

Teerstoffe

Schluss

Raucherhusten

Rauchen ist ungesund

cool

1. Inhaltsstoffe

Langeweile

25.000 Todesfälle pro Jahr

Fuß- und Beinamputationen

Stress

Lungenkrebs

Gewohnheit

3. Abhängigkeit

Herzinfarkt

Geld sparen

Kohlenstoffmonoxyd

Nikotin

90% der Lungenkrebspatienten sind Raucher

2. Krankheiten

Mit Mind Maps

veranschaulichen

Ob auf Folie, Beamer, Tafel oder Plakat – Mind Maps sind eine leicht zu erstellende und für das Publikum gut zu erfassende visuelle Unterstützung bei Vorträgen. So erstellst du eine Mind Map:

- *Verwende Blanko-Papier.* Also z.B. Plakate ohne Linien und Kästchen.
- *Entwerfe die Mind Map im Querformat.* Eine Mind Map entwickelt sich erfahrungsgemäß eher in die Breite als in die Höhe.
- *Schreibe das Thema deines Vortrags in die Mitte* der Tafel, des Plakats, der Folie etc.
- *Zeichne für jeden Hauptgedanken einen Hauptast.* Diese entsprechen z.B. den einzelnen Gliederungspunkten deines Vortrags.
- *Füge weitere Einzelheiten als Nebenäste hinzu.* Hierbei handelt es sich um weiterführende Informationen.
- *Beschrifte deine Mind Map mit Druckbuchstaben.* Diese kann dein Publikum leichter entziffern. Die Hauptäste werden nur mit Großbuchstaben beschrieben.
- *Verwende Schlüsselwörter.* Auch diese können leichter gelesen und verarbeitet werden als ganze Sätze.
- *Verwende für jeden Hauptast eine andere Farbe und füge Symbole hinzu.* So wird die Mind Map noch übersichtlicher.

Hier siehst du ein Beispiel für eine Mind Map zum Vortragsthema „Rauchen".

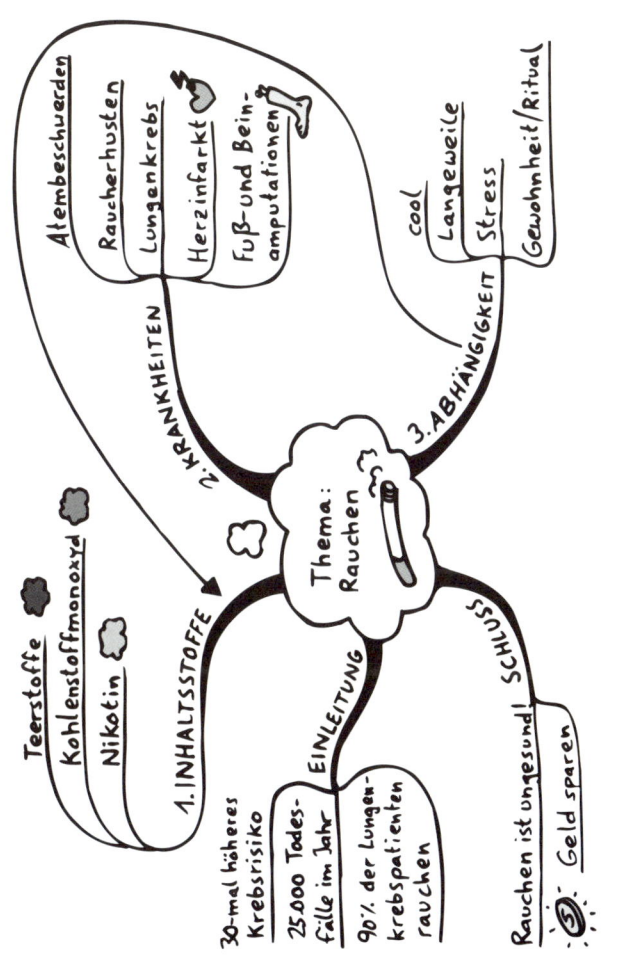

Eine Visualisierungshilfe kann noch so gut sein – wenn du sie während des Vortrags nicht professionell einsetzt, büßt sie ihre Wirkung meist schnell ein. Wenn du Pech hast, erreichst du sogar, dass dein Publikum dir gar nicht mehr zuhört, sondern nur mit den unglücklich präsentierten Plakaten, Folien oder Tafelanschriften beschäftigt ist.

Deshalb beachte beim Einsatz deiner Visualisierungshilfen die folgenden Tipps:
- Mit dem Inhalt deiner Visualisierungshilfen solltest du gut vertraut sein, um Fragen beantworten zu können.
- Schau dir Filme, Dias, Karten etc. vor deinem Vortrag genau an, um sicher zu gehen, dass sie sich auch eignen.
- Überlege dir genau, zu welchem Zeitpunkt du welche Visualisierungshilfe einsetzen willst (zu Beginn als Übersicht, parallel zum Vortrag, indem du „häppchenweise" nach jedem Gliederungspunkt das Gesagte visualisierst, oder zum Schluss als Erinnerungshilfe).
- Auch Mind Maps kannst du auf diese drei verschiedenen Arten einsetzen. Zusätzlich ist es möglich, dass du eine begonnene Mind Map (z.B. nur mit Hauptästen) zu Beginn austeilst und während des Vortrags gemeinsam mit deinem Publikum ergänzt. So hört und schaut dein Publikum dir nicht nur zu, sondern kann auch selbst aktiv werden.

- Falls du während deines Vortrags etwas auf eine Folie, Tafel, Karte etc. notierst, solltest du nicht weiterreden. Nach dem Anschreiben kannst du mit deinem Referat fortfahren.

- Gib deinem Publikum ausreichend Zeit, sich mit dem gewählten Medium zu beschäftigen. Erst wenn alle wieder aufnahmebereit sind, sprichst du weiter.

Zusammenfassung

- *Bei der Wahl deiner Präsentationsmedien solltest du ähnlich wie bei deiner Sprache darauf achten, dass du möglichst viele Sinne deines Publikums aktivierst.*

- *Da die visuelle Wahrnehmung für das Verständnis von Informationen am wichtigsten ist, solltest du bei jedem Vortrag Visualisierungshilfen verwenden.*

- *Wie erfolgreich eine Visualisierungshilfe deine Redeinhalte für das Publikum veranschaulicht, hängt u. a. von der Wahl des richtigen Mediums ab.*

- *Wichtig ist auch, ob das Plakat, die Folie, das Tafelbild etc. ansprechend und übersichtlich gestaltet ist.*

- *Darüber hinaus entscheidet der professionelle Einsatz während des Vortrags über die Effektivität des Mediums.*

4. Der perfekte Vortrag

Möchtest du wissen, wo du am besten für deinen Vortrag recherchieren und Materialien sammeln kannst?

Weißt du, was das 5-Punkte-Schema ist?

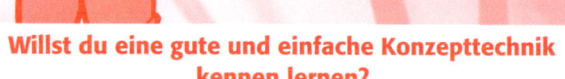

Willst du eine gute und einfache Konzepttechnik kennen lernen?

Wenn du bis zu diesem Kapitel gelesen hast, dann weißt du bereits, dass zu einem guten Vortrag eine klare, präzise Sprache, eine ausdrucksvolle Körpersprache und gute Präsentationsmedien gehören. Erst so bringst du Leben in deinen Vortrag und beziehst dein Publikum aktiv ein.

Die Basis für jeden „perfekten" Vortrag ist allerdings auch eine gute Informationsrecherche sowie die übersichtliche Strukturierung und Darstellung der Redeinhalte – und genau darum geht es in diesem Kapitel.

Auf den folgenden Seiten erfährst du also,
● wie du zunächst die Ziele deines Vortrags festlegen kannst,
● was du bei der Vorbereitung und Recherche deiner Rede beachten solltest,
● wie du mit dem 5-Punkte-Schema deinen Vortrag übersichtlich strukturieren kannst und
● wie praktisch das Arbeiten mit einer geeigneten Konzepttechnik ist.

Zum Schluss des Buches findest du auf den Seiten 58 bis 60 noch eine Menge hilfreicher Tipps zum Umgang mit Redeängsten und Lampenfieber.

Bevor es losgeht:

Ziele festlegen

Bevor du mit deinen Vorbereitungen loslegst, solltest du dir zunächst über die Ziele deines Vortrags klar werden.

Wer sind meine Adressaten?

Entscheidend ist, für welches Publikum du deinen Vortrag halten willst. Ob z. B. vor deiner Klasse, auf einem Geburtstag bei Freunden, bei deiner Abiturabschlussfeier oder einem Symposium von „Jugend forscht" – jede Redesituation ist anders und hängt maßgeblich von den jeweiligen Adressaten ab. An ihnen solltest du dich bei der Auswahl deines Themas, der zugehörigen Sachinformationen sowie der Präsentationsmedien orientieren. Da ein Fachvortrag über Photosynthese auf dem 80. Geburtstag deiner Oma schlecht ankommen wird, solltest du dich vorab fragen:

- Wie gut kenne ich mein Publikum – sind es Freunde, Verwandte, Bekannte oder ein Fachpublikum?
- Welche Erwartungen haben meine Adressaten an meinen Vortrag – Unterhaltung, Informationen, Kritik etc.?
- Welches Fachwissen, welche Vorerfahrungen hat mein Publikum bezüglich meines Redethemas?

Übrigens: Auch die Wahl der richtigen Kleidung hängt von deinen Adressaten ab! Am besten bist du so gekleidet wie dein Publikum.

Will ich überzeugen oder informieren?

Auch die Antwort auf diese Frage hat mit den Adressaten deines Vortrags zu tun. Grundsätzlich werden drei verschiedene Redeformen unterschieden:

● *Die Informationsrede* dient der Darstellung und Erläuterung von Sachinhalten und der Weitergabe von Informationen (z.B. Referate, Vorträge, Berichte, Erzählungen).

● *Die Überzeugungsrede* ist die im Alltag vermutlich am häufigsten vorkommende Redeform. Ob in der Schule, im Beruf, im Freundeskreis oder in der Familie – ständig versuchen wir andere von unserer Meinung zu überzeugen oder zu bestimmten Handlungen zu bewegen.

● *Die Gelegenheitsrede* hat einen bestimmten Anlass, wie z.B. eine Taufe, eine Hochzeit, ein Jubiläum oder einen Trauerfall zum Gegenstand. Mit einer eher kurzen Rede soll dieser Anlass gewürdigt werden.

Wann und wo halte ich meinen Vortrag?

Es ist sicher ein Unterschied, ob du in der 2. Stunde in einem großen, hellen und gut gelüfteten Raum dein Referat hältst oder erst in der 8. Stunde im Sprachlabor, das oft weder Fenster noch eine gute Lüftung besitzt. Wenn du nicht selber Zeit und Raum festlegen kannst, dann überlege,

● wie du deinen Vortrag auflockern kannst, z.B. durch einen kurzen Film- oder Musikbeitrag,

● ob Pausen, z.B. zum Lüften, sinnvoll sind und

● welche Medien für den Vortragsraum geeignet sind.

Inforecherche
und Materialsammlung

Da wir heute, wie häufig erwähnt wird, in einem Informationszeitalter leben, ist es auch leichter denn je, an die gesuchten Informationen heranzukommen.

Recherchequellen

Bei der Suche nach Informationen können dir z.B. folgende Recherchequellen helfen:

● *Schülerbücherei*: Schau am besten nicht nur in der Bücherei deiner Schule, sondern auch in der Bibliothek der Nachbarschule nach.

● *Stadtbücherei*: Hier findest du neben Büchern, Zeitungen und Zeitschriften auch Hörkassetten, CDs und Videos.

● *Unibibliotheken*: Hier dürfen meist auch Schüler rein. Ausleihen kannst du aber oft nur mit einem Uniausweis.

● *Stadtbildstellen*: Viele Bildstellen haben einen thematisch sortierten (Online-)Bestandskatalog, der dich über die vorhandenen Filme und Videos informiert.

● *Zeitungen und Zeitschriften*: Gerade zu aktuellen Themen findest du in Tageszeitungen und Wochenzeitschriften viele Informationen.

● *Radio und Fernsehen*: Auch hier findest du bei aktuellen Themen täglich neue Informationen.

● Direkt bei *Parteien, Umweltorganisationen, Bürgerinitiativen, Meinungsforschungsinstituten etc.*

Das Internet

Das Internet ist zur Zeit natürlich das Informationsmedium Nummer 1! Per Internet kannst du dich z. B. in den Archiven von Zeitungen, Zeitschriften, TV- und Radio-Sendern umsehen oder direkt über Suchmaschinen zu deinem Thema recherchieren.

Vorsichtig solltest du allerdings sein mit fertigen Referaten, die von anderen Schülern ins Internet gestellt wurden. Solche Referate sind inhaltlich nicht immer richtig, häufig fehlen Quellenangaben und mitunter sind sie von anderen Referaten oder aus Büchern abgeschrieben.

Wenn du dich für die Nutzung des Internets für die Schule interessierst, dann schau dir doch mal das Buch „Internet – fit in 30 Minuten" an.

Auswählen und vorstrukturieren

Damit du in den Informations- und Materialfluten nicht „ertrinkst", solltest du dir zunächst einen guten Überblick über die wichtigen Themenschwerpunkte für dein Referat verschaffen. Dazu suchst du am besten nach einem geeigneten Basisartikel oder sammelst beim Querlesen wichtige Infos, z. B. in einer Mind Map (siehe Seite 40ff.). Nun strukturierst du dein Referat grob vor (siehe Seite 50ff.). Das vorhandene Material brauchst du jetzt nur noch hinsichtlich der einzelnen Themenschwerpunkte durchzuarbeiten. Parallel dazu wählst du geeignete Präsentationsmedien aus, die den jeweiligen Schwerpunkt veranschaulichen.

Der folgende Redeaufbau – das 5-Punkte-Schema von Hellmut Geißner – ist fast so etwas wie ein Universalschema, denn es ist in vielerlei Hinsicht anwendbar. Du kannst damit z.B. lange und kurze Reden vorbereiten, Informations-, Überzeugungs- und Gelegenheitsreden strukturieren oder Aufsätze und Hausarbeiten planen.

Mehr über die unterschiedlichen Anwendungsmöglichkeiten dieses Schemas findest du in dem Buch „Überzeugen – fit in 30 Minuten"!

Das 5-Punkte-Schema

Im Folgenden findest du eine erläuterte Übersicht und je ein Beispiel für den Aufbau einer Informations- und einer Überzeugungsrede. Beiden Redeformen liegt hier ein ganz einfaches 5-Punkte-Grundschema zugrunde:

1   *Einleitung*

Hauptteil

2   Erster Themenschwerpunkt/erstes Argument

3   Zweiter Themenschwerpunkt/zweites Argument

4   Dritter Themenschwerpunkt/drittes Argument

5   *Schluss*

Die Einleitung

In der Einleitung gibst du noch keine wichtigen Informationen oder Argumente weiter. Hier geht es vor allem darum, dein Publikum für den kommenden Vortrag zu interessieren. Und so geht' s:

● *Beginne mit einem „Opener"!* Jeden Vortrag, ob nun informatives Referat oder Meinungsrede, solltest du mit einer kurzen passenden Geschichte, einem Zitat, einer knackigen Statistik, einer interessanten Fragestellung, einer kurzen Filmsequenz etc. beginnen.

   Der Opener ist deshalb so wichtig, weil sich gleich zu Anfang deines Vortrags entscheidet, ob dir dein Publikum gerne und interessiert zuhören wird oder nicht.

● *Bei Informationsreden: Nenne dein Vortragsthema!* Nach einer kurzen Spannungspause formulierst du dein Thema in einem Satz. Dein Themensatz könnte z.B. so beginnen: *„Mein Referatsthema lautet …", „Ich möchte heute sprechen über …", Ich möchte euch/Sie informieren über …"*

● *Bei Überzeugungsreden: Formuliere deine Meinung!* Nach dem Opener formulierst du in einem Satz deine Meinung zu dem gewählten Thema. Beginne deinen Meinungssatz z.B. mit den Worten: *„Ich bin der Meinung, dass …!", „Ich behaupte, dass …!"*

● *Erkläre den persönlichen Bezug!* Hier kannst du erzählen, durch welche persönlichen Erfahrungen oder Interessen du zu deinem Redethema gekommen bist.

Das 5-Punkte-Schema geht zwar von drei Themenschwerpunkten im Hauptteil aus, doch so starr brauchst du dieses Schema nicht zu befolgen.

Der Hauptteil bei Informationsreden

● *Wähle drei bis vier Themenschwerpunkte!* Wählst du weniger als drei Gliederungspunkte, kann das Referat evtl. ein wenig „dünn" wirken. Wählst du mehr als vier Punkte, besteht die Gefahr, dass du das Publikum überforderst und es wichtige Informationen wieder vergisst.

● *Veranschauliche durch Beispiele, Fakten und Präsentationsmedien!* Das solltest du bei jedem Themenschwerpunkt versuchen. Je anschaulicher du erläuterst, umso begeisterter wird dir dein Publikum folgen.

● *Schließe mit dem wichtigsten und interessantesten Punkt!* So hältst du die Spannung bis zum Schluss. Zusätzlich kannst du durch Spannungspausen, „dramatische" Formulierungen und eine entsprechende Körpersprache Spannung erzeugen.

Der Hauptteil bei Überzeugungsreden

● *Nenne drei bis vier Argumente!* Die Anzahl der Argumente entscheidet auch hier, ob du dein Publikum unter- oder überforderst. Wenn dir viel mehr als vier Argumente einfallen, dann wähle die besten für deinen Vortrag aus. Die übrigen Argumente hältst du für die anschließende Diskussion zurück.

- *Bekräftige deine Meinung mit jedem Argument!* Das ist wichtig, denn deinem Publikum soll deine Meinung ständig im Ohr klingen. Allerdings solltest du das nicht zu penetrant tun, so dass deine Zuhörer bald genervt sind. Führe deine Argumentationen immer wieder geschickt auf den eingangs formulierten Meinungssatz zurück und verwende dafür stets neue Formulierungen.
- *Veranschauliche deine Argumente mit Beispielen, Fakten, Erfahrungen und Präsentationsmedien!* Je anschaulicher du deine Argumente darlegst, umso eher wirst du dein Publikum überzeugen können.
- *Nenne das wichtigste Argument zum Schluss!* Eine langsame Steigerung deiner Argumente, zusätzliche Spannungspausen, passende Formulierungen und Körpersprache – und die Aufmerksamkeit ist dir gewiss.

Der Schluss

Ein klar und eindeutig formulierter Schluss rundet deinen Vortrag professionell ab. Beschließen kannst du deinen Vortrag z.B. durch

- eine kurze Zusammenfassung der Themenschwerpunkte oder der eigenen Meinung;
- das Aufzeigen von Lösungsansätzen;
- die Aufforderung, sich deiner Meinung anzuschließen, selbst aktiv zu werden etc.;
- das erneute Aufgreifen des Openers;
- ein ehrlich gemeintes Dankeschön an dein Publikum.

1. Beispiel: Das informierende Referat

1   *Einleitung*

Opener: Musikbeispiel „Air" von Bach.

Themensatz: *„Heute referiere ich über das Leben und Werk von Johann Sebastian Bach."*

Persönlicher Bezug: *„Ich spiele selbst Klavier und bin ein großer Fan von Bach."*

Hauptteil

2   Biografisches

Veranschaulichung durch Bilder aus seinem Leben (Dias).

3   Das Werk Johann Sebastian Bachs

Veranschaulichung durch Musikbeispiele (Vokalwerke, Orgelwerke, Klavierwerke, Werke für Sreich- und Blasinstrumente und Konzerte).

4   Bedeutung der Musik Bachs für Rock und Pop

Exemplarische Veranschaulichung durch Noten- und Musikbeispiele der Gruppe „Söhne Mannheims".

5   *Schluss*

Knappe Zusammenfassung der wichtigsten Punkte.

Live am Klavier: Präludium in C aus dem „Wohltemperierten Klavier".

2. Beispiel: Die Überzeugungs- oder Meinungsrede

① *Einleitung*

Opener: Luftbildaufnahmen, die das wachsende Verkehrs-
chaos in der Innenstadt in den letzten Jahren dokumentieren.

Meinungssatz: *„Ich vertrete die Meinung, dass unsere Stadt
schnellstmöglich eine Umgehungsstraße benötigt."*

Persönlicher Bezug: *„Ich wohne selbst in der Stadt an einer
der Hauptverkehrsstraßen und kenne die Probleme."*

Hauptteil

② Gesundheitliche Gefährdung

Begründung durch Statistik über Entwicklung der Abgaswerte
in den letzten Jahren, Erläuterung von Krankheitsbildern.

③ Zeitverlust durch unnötige Staus

Beispiele aus eigener Erfahrung, zu wenig öffentliche
Verkehrsmittel, um auf das Auto verzichten zu können etc.

④ Attraktivitätsverlust der Stadt

Beispiele von Familien und jungen Menschen, die gehäuft
aus der Stadt wegziehen, Tourismuszahlen sind rückläufig.

⑤ *Schluss*

Lösungsvorschlag: Bau einer Umgehungsstraße und Verbes-
serung des öffentlichen Verkehrsnetzes.

Es gibt nur wenige Redner, die völlig frei sprechen. Die meisten verwenden ein Manuskript mit Stichwort-Notizen. Am besten geeignet sind Karteikarten. Sie sind flexibler zu handhaben und übersichtlicher in der Gestaltung als ein großer beschriebener Zettel und werden deshalb z. B. auch von Talkmastern in ihren Shows verwendet.

Warum Stichwörter?
Wenn du dein Publikum überzeugen und den Eindruck vermitteln willst, dass du dir deiner Sache sicher bist, dann solltest du deinen Vortrag frei mit Hilfe von Stichwörtern formulieren. Zudem können spontane Formulierungen von deinen Zuhörern viel leichter verstanden werden als eine abgelesene Rede. Außerdem ist ein Stichwort-Manuskript nicht so starr wie eine ausformulierte Rede. So kannst du flexibler auf Zwischenfragen reagieren oder deine Redezeit leichter verlängern oder verkürzen.

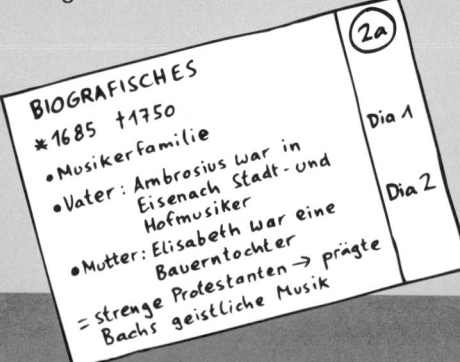

Die Beschriftung der Karteikarten

Verwende z. B. linierte DIN-A6-Karten und achte bei der Gestaltung auf Folgendes:

- Beschrifte nur einseitig und schreibe groß und deutlich.
- Nummeriere die Karten fortlaufend.
- Hebe Hauptpunkte oder Wichtiges mit Farben hervor.
- Formuliere nur einen Hauptgedanken pro Karteikarte.
- Zusätzlich kannst du auf den Karten Zeichen für (Rede-) Pausen oder Regieanweisungen vermerken.

Zusammenfassung

- Eine klare und ansprechende Strukturierung deiner Redeinhalte ist für das Verständnis des Vortrags wichtig.
- Deshalb solltest du dich zunächst fragen, welche Adressaten und welche Ziele du mit deinem Vortrag erreichen willst.
- Zahlreiche Recherchequellen, z. B. das Internet, stehen dir heute zur Verfügung.
- Damit du in den Materialfluten nicht die Übersicht verlierst, solltest du dir vorab einen Überblick über mögliche Redeinhalte verschaffen und deinen Vortrag vorstrukturieren.
- Als „Universalschema" für die Strukturierung von Vorträgen bietet sich das 5-Punkte-Schema an.
- Karteikarten mit Stichwort-Notizen als Redemanuskript verleihen dir die nötige Sicherheit und Flexibilität.

10 Tipps

gegen Angst und Lampenfieber

Tipp 1: Bereite deinen Vortrag gut vor!

Eine gute inhaltliche Vorbereitung ist die Voraussetzung für einen sicheren und stressfreien Vortrag. Je besser du dein Thema beherrschst und je vertrauter dir der Umgang mit den gewählten Präsentationsmedien ist, desto sicherer fühlst du dich auch während des Vortrags.

Tipp 2: Mache eine Generalprobe!

Bei einer Generalprobe kannst du auf Dinge aufmerksam werden, die du beim Nachdenken und Schreiben nicht berücksichtigt hast. Jetzt hast du noch die Gelegenheit, an deinem Vortrag zu feilen. Gut ist es auch, wenn du deinen Vortrag einem neutralen Zuhörer vorträgst. Lass dir von ihm vor allem Tipps zum verständlichen und interessanten Referieren geben. Alternativ kannst du deinen Vortrag auch auf Video oder Kassette aufzeichnen und dich anschließend selbst überprüfen.

Tipp 3: Lerne die ersten und die letzten Sätze deines Vortrags auswendig!

Ein sicherer Beginn des Vortrags nimmt dir eine Menge Anspannung. Ein gelungener Schluss-Satz hingegen rundet deinen Vortrag professionell ab. Formuliere dir deshalb einen guten ersten und letzten Satz und lerne sie auswendig.

Tipp 4: Stehe ruhig und sicher!
Dein Körper und Geist bilden eine zusammengehörige Einheit. Je mehr deine Haltung Sicherheit ausdrückt, umso stabiler fühlst du dich auch. Stehe deshalb mit beiden Füßen fest auf dem Boden und wippe nicht nervös herum.

Tipp 5: Vermeide unnötige Anzeichen von Nervosität!
Neben unruhigen Körperbewegungen können auch das Spielen mit Stiften, ständiges Kratzen am Kopf, häufiges Zurechtrücken der Brille, Gebrauch von Füllsilben wie hmm, ähm, tja etc. deinem Publikum Nervosität signalisieren. Mache dir solche „Ticks" vor deinem Vortrag immer wieder bewusst – z. B. durch 50-mal „Ähm-sagen" –, dann werden sie nicht mehr so häufig auftreten.

Tipp 6: Atme regelmäßig und tief durch!
Regelmäßiges und tiefes Atmen fördert die Sauerstoffzufuhr zum Gehirn und senkt die Pulsfrequenz. So kannst du wieder ruhig denken und reden.

Tipp 7: Nehme unangenehme Körpergefühle bewusst wahr!

Nervöse Bauchschmerzen, Kopfschmerzen, Übelkeit, Schwitzen, Zittern, Harn- oder Stuhldrang etc. solltest du nicht verdrängen, denn sonst wird es nur schlimmer. Nimm die unangenehmen Gefühle bewusst war, dann gehen sie nach einiger Zeit von selbst wieder weg.

Tipp 8: Suche den Blickkontakt zu einem dir positiv gesinnten Zuhörer!

Für einen Redner ist es wichtig, dass er während des Vortrags positive Rückmeldungen bekommt. Deshalb solltest du dir einen Zuhörer auswählen, der dir z. B. durch Zunicken oder Lächeln positive Signale sendet.

Tipp 9: Gehe positiv gestimmt in den Vortrag!

Dein Publikum merkt vom ersten Augenblick an, ob du mit einer positiven oder negativen Einstellung in deinen Vortrag gehst. Wirkst du genervt oder muffelig, haben deine Zuhörer auch keine Lust auf deinen Vortrag. Sag dir deshalb: *„Ich bin gut drauf, ich gebe mein Bestes, mein Publikum hört mir gerne zu"*, dann wird es auch genau so sein.

Tipp 10: Rede so oft du kannst vor einem Publikum und lerne aus Fehlern!

Das ist das „Geheimnis" aller guten Redner: Sie nutzen jede Gelegenheit sicherer zu werden und sich zu verbessern.

Berthold, Siegwart:
Reden lernen. Übungen für die Sekundarstufe I und II
Frankfurt am Main: Cornelsen Scriptor 1993

Gora, Stephan:
Grundkurs Rhetorik. Eine Hinführung zum freien Sprechen
(Arbeitsmaterialien Deutsch)
Stuttgart: Ernst Klett Verlag 1998

Kliebisch, Udo & Rauh, Gregor:
Keine Angst vor Referaten. Ein Lern- und Trainingsbuch
Mühlheim a.d. Ruhr: Verlag an der Ruhr 1996

Knobloch, Jörg:
Referate halten lernen
Lichtenau: AOL Verlag 2000

Mentzel, Wolfgang:
Rhetorik. Frei und überzeugend sprechen
Planegg: Haufe Verlagsgruppe 2000

Konnertz, Dirk & Sauer, Christiane:
Überzeugen – fit in 30 Minuten
Offenbach: GABAL Verlag 2001

Sauer, Sebastian:
Internet – fit in 30 Minuten
Offenbach: GABAL Verlag 2001

Stichwortregister

Kennst du schon die anderen Bücher
aus der Reihe „Kids auf der Überholspur"?

Ulrich Strunz, Dirk Konnertz
Fitness – fit in 30 Minuten

Dirk Konnertz, Dirk Jennemann
Flirten – fit in 30 Minuten

Sebastian Sauer
Internet – fit in 30 Minuten

Björn Gemmer
Konzentration – fit in 30 Minuten

Björn Gemmer
Kreativität – fit in 30 Minuten

Dirk Konnertz, Christiane Sauer
Lernspaß – fit in 30 Minuten

Björn Gemmer, Dirk Konnertz, Christiane Sauer
Mind Mapping – fit in 30 Minuten

Reinhard K. Sprenger, Christiane Sauer
Motivation – fit in 30 Minuten

Christiane Sauer, Dirk Konnertz
Power-Gedächtnis – fit in 30 Minuten

Barbara Hipp
Selbstbewusstsein – fit in 30 Minuten

Barbara Hipp
Stressbewältigung – fit in 30 Minuten

Dirk Konnertz, Christiane Sauer
Überzeugen – fit in 30 Minuten

Lothar J. Seiwert, Dirk Konnertz
Zeitmanagement für Kids – fit in 30 Minuten

Dirk Konnertz, Hubert Schwarz
Ziele erreichen – fit in 30 Minuten

GABAL Verlag
Schumannstraße 155 · 63069 Offenbach
Tel: (0 69) 83 00 66-0 · Fax: (0 69) 83 00 66-66
E-Mail: info@gabal-verlag.de